AF497903

MÉTHODES
ET INSTRUCTIONS

SURES ET FACILES

POUR apprendre, en peu de tems et sans maître, plusieurs talens aussi utiles qu'agréables.

Prix, 1 fr. 5o cent. (3o sous), avec trois planches gravées.

A PARIS,

DE L'IMPRIMERIE DE D. COLAS,
Rue du Vieux-Colombier, N° 26, faubourg St.-Germain.

1810.

MÉTHODES

ET INSTRUCTIONS

SURES ET FACILES,

Pour apprendre, en peu de tems et sans maître, plusieurs talens aussi utiles qu'agréables ;

SAVOIR :

1°. *La manière de copier sur-le-champ toute sorte de dessins, sans avoir appris ; les diminuer ou augmenter à volonté, et d'après les règles les plus exactes des proportions ;*

2°. *Une nouvelle et charmante manière de peindre ;*

3°. *Les beaux Camées sur verre doré, pour faire toute sorte de Tableaux, Médaillons, Chiffres, Silhouettes de toutes formes et grandeurs, et très-ressemblans ;*

4°. *La Sculpture sur carton, pour faire des fleurs ;*

5°. *L'art d'écrire aussi vite que la parole.*

Ce Recueil est suivi d'un mêlange de différens morceaux de littérature, et terminé par plusieurs Secrets et Procédés ingénieux, relatifs aux beaux-arts ; des Recettes simples et sures pour embellir le teint.

Ce Recueil est orné de trois planches gravées.

Les différentes méthodes et procédés qu'il contient, sont d'autant plus intéressans, qu'on peut en acquérir la connaissance avec beaucoup de facilité, et que par conséquent ils sont convenables aux personnes de tout âge.

Les beaux-arts sont un des plus nobles amusemens; si on n'en a pas encore fait la douce expérience, on sera bientôt convaincu que les jouissances qu'ils procurent, ont, sur beaucoup d'autres, l'avantage de croître avec les années.

Les personnes les plus occupées peuvent dérober chaque jour à leurs travaux une heure ou deux pour leur amusement, et en quelques séances elles seront en état de faire toute sorte de tableaux qui plairont généralement.

Les beaux arts paraissent aussi convenir aux dames que leur délicatesse empêche de se livrer à des études profondes; elles y trouveront des charmes toujours nouveaux. La plupart des ouvrages qui sont de leur ressort, ne peuvent se passer du secours que ce recueil leur fournit : une fleur, une feuille, un chiffre, un ornement, qu'on veut faire entrer dans une broderie, demandent un dessein correct et élégant. Je crois aussi que la Société gagnerait à leurs succès, si dans les classes aisées les femmes s'adonnaient à l'étude des beaux-arts; leur jeunesse serait peut-être moins exposée aux frivolités, à l'ennui et aux dissipations inséparables de cet âge, et si funestes au reste de la vie; l'habitude du travail leur donnerait des goûts sédentaires. Leurs talens et leurs connaissances embelliraient encore leurs grâces et leurs vertus, fixeraient leurs époux auprès d'elles, et leur donneraient une influence précieuse sur l'esprit et les mœurs de leurs enfans. Leur exemple serait un sûr garant de la conduite des hommes. Ils sentiraient la nécessité de mériter l'estime des femmes, avant de chercher à leur plaire, et de prétendre à leur main ; l'homme de mérite ne se verrait plus éconduit pour d'agréables grimaces ou d'élégantes inepties.

Manière très-facile de copier sur-le-champ toutes sortes de dessins, de les diminuer ou augmenter à volonté, et d'après les règles les plus exactes des proportions.

C'est à l'aide du Pantographe que l'on peut copier les dessins, sans avoir appris. Cet instrument aussi simple qu'ingénieux, ne laisse rien à désirer : ce sont quatre règles mobiles, ajustées ensemble, et formant entre elles un parallélogramme.

A l'extrémité des deux règles A et B, est un pivot qui sert à fixer le Pantographe sur la table ; ensuite on écarte les règles, en formant un carré parfait. A l'extrémité de la règle de droite, est une virole pour y fixer une petite pointe de buis, qu'on nomme *conducteur*, sous lequel on place sur la table le modèle qu'on veut copier, en l'y attachant avec de petites pointes, ou de la cire, pour qu'il ne vacille point, et ayant soin que la pointe de ce *conducteur* se trouve au milieu du sujet qu'on veut copier. A l'extrémité de l'autre règle est une autre virole, pour y fixer un *crayon fin*, sous lequel on place le papier, ou le verre doré, sur lequel on veut dessiner, en le fixant sur la table de la même manière que le modèle ; ensuite avec la pointe du *conducteur*, vous parcourez tous les traits de votre dessin, et le *crayon* répétera, avec la plus grande justesse, tous les mouvemens que vous aurez faits avec le *conducteur*.

Le grand pivot et la petite pointe à l'extrémité restent toujours en place ; il n'y a que les deux petites pointes du milieu qui varient, lorsqu'elles sont au n° 1. La copie sera juste de la même forme et grandeur que l'original. Mais, lorsque vous voudrez *diminuer*, vous ôterez les pointes du n° 1, et les placerez du côté où vous verrez écrit *diminution* : plus on descendra, plus la copie sera petite. Pour *augmenter*, on suivra la même opération ; mais il faut avoir soin de mettre ces deux pointes aux mêmes n°s dans les quatres règles.

On fait de ces Pantographes qui coûtent jusqu'à 25 louis. Ceux que je fais, ne coûtent que 5 fr., et on dessine aussi correctement et avec moins d'embarras ; au surplus les amateurs pourront en faire l'épreuve, avant de s'en procurer.

MANIÈRE DE PEINDRE.

Petit assortiment nécessaire au peintre ; savoir :

Blanc de plomb ou d'argent qui est plus beau, carmin, laque carminée, vermillon, bleu de Prusse, noir d'ivoire ou de fumée, stil de grain de Troyes, huile d'œillet ou de noix, essence de térébenthine, de la térébenthine, plusieurs petits pinceaux à plumes.

C'est sur les estampes, qu'on peint ; ce qui fait le charme de cette manière de peindre, c'est qu'il n'est pas possible de découvrir que c'est sur une estampe qu'on a travaillé, lorsqu'elle est finie, à moins qu'on en convienne, ou qu'on n'ait été découvert, sur-tout si l'on a soin de supprimer l'impression qui se trouve au bas des gravures. On indiquera le tems de cette suppression.

Préparation de l'Estampe.

Les estampes qu'on veut peindre, doivent être en manière noire ; les gravures façon anglaise, sont préférables, sur-tout sur du papier très-mince.

1°. Etendez l'estampe, la face tournée sur une serviette propre, posée sur une table ;

2°. Imbibez-la légèrement d'eau claire, laissez-la s'humecter ;

3°. Ayez un châssis de la grandeur de votre estampe ; quand elle est presque sèche, mais néanmoins encore un peu humide, collez l'estampe sur les rives externes, de manière que la gravure se voie en entier dans le carré du châsis, la face en dehors ;

4°. Tournez le châssis de façon que vous ayez l'estampe en face de vous, et avec les deux pouces étendez-la sur les rives du chassis, petit à petit et également partout; laissez-la sécher à l'ombre.

5°. Quand elle est sèche, elle doit être tendue et ferme comme la peau d'un tambour; alors elle est préparée, et prête à recevoir le vernis. Versez sur l'envers de l'estampe une suffisante quantité de vernis à tableau, en penchant doucement le châssis en tout sens, parce que le vernis s'étend également par-tout ; ensuite vous ferez écouler le superflu du vernis; faites-en autant de l'autre côté de l'estampe, et lorsque vous verrez qu'elle sera claire, transparente comme une glace, et que vous apercevrez tous les traits de la gravure aussi nets d'un côté que de l'autre, vous placerez le châssis à plat sur une table, à l'abri de la poussière, soutenu aux extrémités, pour que l'estampe ne touche à rien, car elle se tacherait, et vous le laisserez bien sécher.

Le vernis non-seulement raffermit le papier, et le rend très-transparent, mais encore reçoit la couleur de manière qu'elle s'y fixe, fond les nuances et rend les traits parfaitement adhérens.

On indiquera plus bas la manière de faire ce vernis.

Disposez alors vos couleurs, l'estampe étant bien sèche et prête à les recevoir.

Préparation des couleurs, et préceptes qui y sont relatifs.

Toutes les couleurs doivent être broyées à l'huile d'œillet ou de noix, après avoir réduit en poudre celles qui étaient en pierre.

Quand elles sont bien broyées, rangez-les chacune au pourtour de la palette ou d'une assiette ; les couleurs se placent les unes à côté des autres, par petits tas, de façon qu'elles ne puissent pas se toucher.

De l'Emploi et du Mélange des Couleurs.

CARNATIONS.

Couleur de chair pour la jeunesse. Blanc d'argent, ou blanc de plomb, un peu de vermillon et de carmin. Si la couleur est trop chargée, ajoutez-y du blanc : les enfans doivent être plus colorés.

Pour une vieille femme. Du blanc, un peu de vermillon, en y ajoutant du bleu et de l'ocre jaune : la peau étant plus rembrunie par le retour des ans.

Pour les vieillards. Du blanc, brun-rouge, un peu de vermillon, et ocre de rhue.

Pour les malades. Jaune d'ocre, un peu de vermillon et du blanc.

DRAPERIES.

Linges, diamans. Blanc d'argent seul.

Gris. Noir et blanc combinés ensemble.

Gris de perle. Bleu et blanc par égale partie.

Gris de lin. Blanc, un peu de laque, très-peu de bleu.

Cramoisi. Laque, carmin, blanc d'argent.

Couleur du feu. Vermillon, un peu de carmin et du blanc.

Flamme. Vermillon, carmin, jaune de Russie.

Couleur de rose. Carmin , un peu de vermillon et du blanc d'argent.

Bleu. Du blanc et le bleu de Prusse ; le plus ou le moins de l'un ou de l'autre , donne bleu tendre , bleu céleste , bleu de roi.

Violet. Bleu de Prusse , du blanc et un peu de carmin.

Lilas. Blanc , laque , carmin et un peu de blanc.

Vert. Stil de grain de Troyes , du bleu de Prusse et du blanc ; en y mettant plus ou moins de ces trois couleurs , on en varie les nuances, tels que le vert-d'eau , vert-pomme , vert de pré , etc.

Jaune-jonquille, couleur d'osier. Il se compose avec du stil de grain de Troyes , et du blanc.

Chamois. Le blanc , un peu de vermillon, jaune de Naples , et jaune d'ocre clair.

Citron. Du blanc et du jaune de roi.

Souci ou aurore. Jaune de Russie , vermillon et du blanc.

Couleur d'or. Le blanc d'argent , jaune de Russie , jaune de Naples et ocre jaune.

Olive. Noir et jaune.

Brun. Ocre et terre d'ombre.

Couleur de terre. Terre d'ombre, blanc , et à certaines parties ocre jaune.

Couleur de buis, habit de capucin. Terre d'ombre, rouge d'Angleterre et ocre jaune.

Couleur de marron. Ocre de rhue , noir d'ivoire , rouge d'Angleterre.

Couleur d'acier. Noir , bleu , blanc.

Lorsque vous voulez peindre , votre estampe vernissée doit être bien sèche, ce que vous reconnaîtrez , lorsqu'en posant le doit légèrement dessus , il ne s'y attachera pas. Mettez-vous en face du jour , et après avoir mis du papier blanc sur la table posez l'estampe dessus , ou tenez le châssis de la main gauche, le bas toujours appuyé sur la table.

C'est sur l'envers de l'estampe qu'on applique les couleurs.

Ressouvenez-vous de tenir vos couleurs un peu fermes, cela fait ressortir les effets du tableau. Gardez-vous de faire les objets plus grands qu'ils ne sont indiqués par la gravure. Si vous vous trompez en peignant, on peut y remédier en enlevant légèrement la couleur avec le bout d'un grattoir. Lorsque la couleur ne paraît plus, on essuye l'endroit avec un pinceau propre, trempé légèrement dans l'essence de térébenthine, ou avec un petit linge blanc, également un peu humecté d'essence de térébenthine.

CARNATIONS.

Il faut commencer par le blanc des yeux, de toutes les figures qui se trouveront sur le tableau. N'oubliez pas surtout un petit point blanc qui paraît sur la prunelle : il faut le peindre si légèrement qu'il ne soit pas plus grand que dans l'estampe ; quelquefois il se rencontre dans le blanc de l'œil, et près du nez, un petit point qu'il faut peindre très-légèrement en vermillon nuancé de blanc. La prunelle se peint de la couleur la plus avantageuse à l'objet, en bleu ou noir. Les lèvres et les joues se mettent en vermillon, carmin et blanc ; ayez soin de bien nuancer et fondre le rouge sur les joues, la gorge, le corps, les lèvres, les jambes, si elles paraissent en couleur de chair.

Les cheveux poudrés. Avec du noir et du blanc.

Les noirs. Avec du noir d'ivoire.

Les roux et les blonds. Avec du blanc et du jaune. Ayez attention, en les peignant, de faire entrer la couleur sur le bord du front afin de former les racines, et prenez garde de descendre trop bas ; si la tête est ornée, occupez les couleurs analogues à chaque espèce : *la topaze* en jaune clair, *les rubis* en vermillon, *l'émeraude* en vert.

DRAPERIES.

Les carnations faites, passez aux draperies. Les *Bouquets* se peignent d'abord, ensuite le fond des étoffes. Distinguez les doublures ; marquez les accessoires, tels que les ceintures, gilets, galons, broderies et autres parures, en variant les teintes.

Quand il se rencontre dans le tableau des coups de jour au lointain, comme par *toit, fenêtre*, etc., remplissez-les de blanc avec une nuance de bleu, pour faire un bleu clair ; souvent même on ne sert que du blanc pour marquer les fenêtres ou les entrées d'un vaisseau, d'une maison, etc. *Les arbres rompus, le bois scié* se marquent d'un peu de jaune clair, avec très-peu de rouge d'Angleterre.

Lorsque vous aurez fini de peindre, placez vos couleurs sur un morceau de verre, et mettez-le dans une terrine que vous remplirez d'eau claire, de manière que les couleurs en soient couvertes : l'eau conserve très-bien les couleurs. Lorsque vous voudrez vous en servir, il faut les reporter avec le couteau sur la palette de buis ou sur l'assiette. Si vous voulez peindre beaucoup, vous ferez mieux de préparer une certaine quantité de chaque couleur, ou au moins de celles dont on se sert le plus souvent ; de les mettre dans de petits pots de faïence, et de les couvrir d'eau, ce qui les conservera très-fraîches ; et à mesure que vous en aurez besoin, vous en prendrez avec la pointe du couteau : vous renouvellerez l'eau tous les jours.

Nétoyez aussi proprement les pinceaux, quand vous ne vous en servez plus, ce qui se fait en les trempant dans

l'huile, ou l'essence de térébenthine, et on presse le pinceau avec un petit linge entre deux doigts.

Manière de faire le vernis à tableaux, pour rendre les Estampes transparentes.

Mettez dans un petit pot neuf vernissé un quart de
térébenthine de Venise, ou de la gomme, et versez par
dessus de l'essence de térébenthine; amalgamez bien avec
une spatule de bois, jusqu'à consistance d'huile; on le
laisse reposer; s'il est trop épais, on y ajoute de l'essence de térébenthine, et s'il est trop clair, on y ajoute de
la térébenthine seule: versez-le ensuite dans une bouteille,
et réservez-le pour l'usage.

Ces tableaux finis et encadrés paraîtront peints sur
toile.

Ayez soin que le cadre soit juste de la grandeur et de la
forme de l'estampe, de manière que le papier blanc et
l'imprimé qui se trouvent au bas disparaissent.

Manière de peindre sur Verre.

Ce genre est encore plus beau que le précédent, en
suivant le même procédé. Prenez une estampe sur papier
fin, si vous pouvez en avoir, sinon une ordinaire dont
vous couperez l'imprimé et toute la bordure; ayez un
verre blanc sans défaut, et de la même grandeur que
l'estampe; versez du vernis à tableaux sur le verre, en le
penchant doucement pour étendre le vernis également par-
tout, mettez-y ensuite l'estampe, le *recto* sur le verre,
c'est-à-dire du côté de l'impression, et telle qu'elle est,
sans la mouiller, comme pour la manière précédente.
Chassez avec le doigt les bulles d'air qui pourront se
trouver entre le verre et l'estampe; versez également du

vernis sur le derrière de l'estampe, et en suffisante quantité
des deux côtés. Lorsqu'elle est bien imbibée, on penche
doucement le verre, pour faire tomber dans un vase le superflu du vernis. Ce vernis, en rendant l'estampe très-trans-
parente, sert aussi à la coller fortement sur le verre. Laissez
bien sécher, et peignez de la même manière qu'il est
expliqué plus haut ; mais ayez soin surtout de ne pas
dépasser les bords de l'estampe avec vos couleurs, car elles
détremperaient le vernis et couleraient entre le verre et
l'estampe. Ces tableaux, faits avec un peu d'attention,
sont de toute beauté, et imitent les plus belles pein-
tures.

Si vous désirez avoir un tableau comme s'il était gravé
sur l'or, vous agirez de la manière suivante : lorsque
l'estampe sur le verre sera sèche, vous verserez encore
dessus du vernis à tableaux, et y appliquerez aussitôt un
morceau de *paillon doré ou cramoisi, etc.*, ayant soin de
chasser aussi les bulles d'air avec les doigts mouillés, ou
un couteau, ou un morceau d'ivoire dont on se sert pour
couper le papier. On trouve de ces paillons chez les confi-
seurs. On peut encore faire paraître les objets en or, en
les mouillant avec la salive, et en y appliquant un morceau
d'or en feuille.

*Lorsque le verre ou les mains sont tachés de peinture, on
les nétoie parfaitement avec l'essence de térébenthine.*

Manière de dorer les Verres, pour faire des Bordures, Chiffres, Silhouettes, etc.

Il y a deux manières de coller l'or sur le verre ; la première se fait en donnant le matin, à jeun, deux ou trois
coups de langue salivés sur le verre, et on le place aussitôt sur la feuille d'or. On laisse sécher ; ensuite on polit
avec du coton, et on remet une seconde feuille, en souf-

flant son haleine sur la première, comme si on voulait ternir un verre.

Pour coller l'or de l'autre manière, l'on met fondre dans de l'eau chaude de la colle de poisson ; quand elle est froide et en gelée, vous en passez une couche légère sur le verre, et l'appliquez sur la feuille d'or. On aura soin de couper tout doucement la feuille d'or avec un couteau avant de l'appliquer sur le verre, et s'il était plus grand que la feuille d'or, on y en mettrait plusieurs l'une à côté de l'autre. On peut faire la même opération avec des feuilles d'argent, sur-tout pour apprendre ; elles coûtent bien moins que l'or ; elles se vendent par livret de vingt-quatre feuilles, qui coûtent huit sous ceux en argent, et deux francs ceux en or.

Lorsque votre verre est bien sec, ce que l'on voit facilement au brillant, alors on prend une règle et une pointe quelconque, ou une grosse épingle, on trace sur l'or des raies d'une ligne de distance ; ensuite avec un canif ou un grattoir, ou un petit morceau de buis très-pointu, on enlève une de ces lignes tout doucement : il ne faut pas qu'il reste la moindre parcelle tout le long de la raie ; ensuite on laisse la seconde ligne intacte, et on gratte la troisième, et ainsi alternativement. Après cela on tracera un dessin plus difficile, tel que carré ou losange ; on grattera encore de la même manière, en ôtant l'une et laissant l'autre. On s'exercera après cela à faire des bordures de différens genres, des lettres majuscules, ayant soin de rendre artistement les pleins et les déliés. Si on fait quelques fautes en faisant les traits trop larges, on peut y rémédier en appliquant une petite pièce de feuille d'or, cela ne paraîtra point, et étant sec, on repassera le grattoir. On fait ensuite des chiffres, etc., etc. ; on commence par les dessiner sur du papier de la grandeur que l'on juge à propos ; ensuite

pour les dessiner sur le verre doré , on peut s'y prendre
de différentes manières , soit avec le *Pantographe*, mais
en place d'un crayon , on y adapte une pointe de fer , ou
bien, après avoir dessiné le chiffre avec de la mine , on le
place sur le verre doré , et en frottant sur le papier avec
un petit morceau de bois rond , ou le manche du canif ,
tout le dessin s'y trouvera très-bien marqué : on peut encore piquer tout les traits du chiffre, le poser sur le verre
doré, et avec une aiguille faire une marque dans les piqûres.
Le dessin étant bien indiqué , on le finit comme il est dit
plus haut ; le tout étant fini , il ne s'agit plus que d'y mettre
le fond , ce qui fait ressortir les sujets, et conserve parfaitement l'or sur le verre. Ces fonds doivent être en noir ,
bleu , vert ou blanc , ce dernier rarement ; ces couleurs
doivent être broyées à l'huile d'œillet, et il faut y
ajouter un peu de vernis à l'esprit de vin , pour les faire
sécher plutôt , et **tenir** la couleur épaisse ; on l'applique
avec un pinceau à plume ; on peut varier les fonds sur le
même tableau, en faisant les bordures, je suppose , bleu
de ciel, et le fond noir , l'un fait ressortir l'autre en s'embellissant réciproquement. Avec un peu de goût et la pra-
tique on parvient à faire des sujets de toute beauté. On peut
aussi embellir les tableaux peints sur verre , en y faisant
une bordure dans ce genre.

De la Silhouette.

La Silhouette est le dessin de l'ombre portée par un
corps quelconque. Si vous voulez faire le portrait de quel-
qu'un , faites-le asseoir sur un tabouret placé entre le
mur et une table ; vous mettrez sur la table une bougie ,
et après avoir placé contre le mur une feuille de papier ,
vous y tracerez avec un crayon le profil de la personne ,
ainsi que l'ombre portée par la tête. Vous copierez avec

le pantographe le profil que vous venez de prendre à la lumière ; mais au lieu du crayon qui y est adapté , vous placerez une pointe de fer , ou une aiguille , qui dessine sur le verre doré , ayant eu soin de diminuer le pantographe suivant la grandeur du verre ; quand vous avez le contour , vous enlevez avec un morceau de bois de buis très-pointu , tout ce qui représente les chairs ; si c'est un homme, vous n'enleverez que le visage ; si c'est une femme, vous enlevez le visage , le cou , la gorge , et vous travaillerez le restant dans le genre du graphite : vous y appliquerez un fond noir ou gros bleu. En travaillant avec un peu d'intelligence , on fera des Silhouettes très-ressemblantes. On peut faire dans ce genre toutes sortes de sujets , des figures antiques , des corbeilles , des fleurs , devises , allégories, etc. Les ombres doivent être pointillées ou en hachures , comme sur les gravures ; il n'y a qu'aux portraits où l'on enlève les parties qui représentent les chairs. Quand on traite un sujet , c'est au contraire le fond que l'on enlève ; on laisse en or toute la figure , et ensuite on pointille les ombres. Si l'on veut tracer une bordure autour , pour la laisser en or sur le fond noir, on se sert d'un compas à vis , et laissant une de ces pointes en dehors du verre, on trace avec l'autre un cercle sur le verre que l'on tourne à mesure que la pointe marque sur l'or.

De la Sculpture sur carton.

On fait faire un carton en collant seize feuilles de papier blanc l'une sur l'autre , et le mettant en presse; la dernière feuille doit être d'un très-beau papier ; ensuite on dessine dessus avec une pointe, des corbeilles et bouquets , après quoi l'on grave les objets avec le tranchant du bout d'un canif courbé un peu en dehors ; on peut s'exercer en traçant sur le carton des raies d'une ligne de large, et on y fait les entailles avec le canif, de droite à gauche et de biais, et on relève cette entaille avec la pointe; il faut qu'elles soient égales et serrées, et qu'il y en ait en tout sens pour faire plus d'effets; lorsqu'on fait des roses, après avoir gravé les feuilles, on fait une entaille devant la rose, de la profondeur de trois ou quatre feuilles, ensuite on pousse la pointe du canif en creusant petit à petit toute la rose, et on l'emplit de coton; à force d'en mettre avec la pointe d'un couteau, la rose s'élévera peu à peu, aura quelques lignes d'épaisseur et sera bombée.

L'Art d'écrire aussi vite que l'on parle.

Cette manière d'écrire par des signes particuliers, est très-avantageuse, et peut rendre le plus grand service au commerce, au barreau, etc.; les signes sont si simples et la méthode si facile, que quelques heures d'étude suffisent pour en acquérir une parfaite connaissance. L'essentiel est d'abord d'apprendre parfaitement l'alphabet (*Voyez planche* n° 1), de bien former les signes, de faire attention à ceux qui doivent être sur la ligne ou dessous, à ceux qui sont penchés à droite ou à gauche, à ceux qui sont simples ou doubles; souvent les signes sont pareils, et il n'y a que les différentes positions qui leur donnent un autre signification. Lorsque vous saurez parfaitement l'alphabet (*Voyez planche* n° 2 *le paradigme*), vous apprendrez la manière de lier les lettres ensemble, ce qui sera fort facile, car ce n'est qu'une répétition de l'alphabet. On n'observera aucune orthographe dans cette manière d'écrire, et rien que le *son* : par exemple, pour écrire *beau*, on n'écrit que le *b* et le signe de *o* tenant au bout du *b* ; pour écrire *vin* on écrit le *v* et le signe de *in* au bout, etc. Après cela vous pourrez examiner les exemples de la troisième planche , n'écrire d'abord que des *syllabes*, pour bien vous familia- riser avec ces caractères ; ensuite vous essaierez les mots ; on peut écrire des mots de plusieurs syllabes avec un seul signe , mais pas toujours. Le signe de *eu* se remplace par un point dessous, comme *feu* on écrit le signe de *f* et un point dessous ; *heureux* , on n'écrit que les signes de l'*h* et de l'*r* et deux points dessous , parce qu'il y a deux fois *eu* dans ce mot ; *lion* ou *sion* se remplace par un point à la fin, comme *motion* on écrit le signe de *mo* et un point.

MÉLANGES.

Panégyrique de la Franc-Maçonnerie, en style de Loge.

JE vais vous initier dans nos mystères; je vais vous apprendre tout ce qu'il est possible que vous sachiez de nos secrets.

Notre titre annonce allégoriquement la nature de nos ouvrages : nous *bâtissons;* entreprendre une bonne action, n'est-ce pas *élever un monument* à l'humanité? pour *construire* un édifice, la bienfaisance *dessine* le plan, l'équité *jette les fondemens,* la constance *conduit* l'ouvrage, l'égalité sert de *niveau,* la droiture de *compas;* le sentiment est la *chaux* dont la chaleur donne de la force et de la consistance à l'ouvrage; la fidélité est le *ciment* qui en assure la durée; la concorde est le *plâtre* qui couvre et blanchit la surface de l'édifice; le cœur d'un vrai maçon est le *tablier* dans lequel il reçoit les larmes de ses semblables; et lorsque nous nous assemblons pour *bâtir,* c'est toujours la vertu qui pose *la première pierre.*

TESTAMENT MAÇONNIQUE.

AIR : *De la Pipe de tabac.*

JE demande la Lumière,
Vous demandez mon Testament;
On commence donc sa carrière
Chez vous, par son enterrement? *bis.*
N'importe; de l'obéissance
Je veux me montrer partisan.
Ayez au moins de l'indulgence,
Messieurs, pour un agonisant. *bis.*

JE donne aux va nu-pieds mes bottes,
Je donne aux corps nus mes habits,

Aux démagogues mes culottes,
Une pensée à mes amis. *bis.*
Quant à mon argent, je décide
Qu'à ma mort il vous soit compté,
Pour dresser un banquet solide,
Où vous porterez ma santé. *bis.*

Je donne, et sans vouloir quittance,
A certain Frère ma douceur, (le F.·. T.·.)
Au Vénérable ma clémence,
Aux Initiés mon ardeur. *bis.*
Je donne mon corps à ma Dame,
Aux Maçons je donne mon cœur,
Au bon Dieu je donne mon ame,
Je donne au Diable ma frayeur. *bis.*

Le Caractère et Portrait des Français.

Cette nation a toujours été vive, gaie, brave et généreuse; sincère, présomptueuse, inconstante, avantageuse et inconsidérée. Ses vertus partent du cœur, ses vices ne tiennent qu'à l'esprit; et ses bonnes qualités corrigeant ou balançant les mauvaises, tout concourt peut-être également à rendre le Français, de tous les peuples, le plus sociable. Le grand défaut du Français est d'être toujours jeune et presque jamais homme; par là, il est souvent plus aimable et rarement sûr; il n'a presque point d'âge mûr, et passe de la jeunesse à la caducité.

Le Français est le seul peuple dont les mœurs peuvent se dépraver sans que le cœur se corrompe et que le courage s'altère, qui allie des qualités héroïques avec le plaisir, le luxe et la mollesse; ses vertus ont peu de consistance, ses vices n'ont point de racine. Le déréglement des mœurs et de l'imagination ne donne point atteinte à la franchise et à la bonté naturelle du Français. La frivolité, qui nuit au développement de ses talens et de ses vertus, le préserve en même tems des crimes noirs et réfléchis; la perfidie lui est étrangère ; et il est emprunté dans l'intrigue ; si on a quelquefois vu chez lui des crimes odieux , ils ont disparu plutôt par le caractère national que par la sévérité des lois. — Les Français ont la taille haute , la peau fort blanche , les yeux bleus , leur visage est entièrement rose. C'est, de tous les peuples connus, celui qui entend le mieux les mouvemens et les évolutions militaires ; ils sont d'une adresse si singulière qu'ils frappent toujours où ils visent ; d'une légèreté si prodigieuse qu'ils tombent sur leurs ennemis aussitôt que les traits qu'ils ont lancés contre eux ; enfin , d'une intrépidité si grande que rien ne les étonne , ni le nombre des ennemis , ni le désavantage des lieux , ni la mort même avec toutes ses horreurs : ils peuvent perdre la vie, jamais ils ne perdent courage.

Description et différence entre un combat naval et une bataille de terre.

Les batailles de terre présentent à la vérité un spectacle terrible, mais du moins le sol qui porte les combattans ne menace point de s'entr'ouvrir sous leurs pas ; l'air qui les environne n'est pas leur ennemi, il leur laisse diriger leurs mouvemens à leur gré ; la terre entière leur est ouverte pour échapper au danger..... Dans les combats de mer, tous les élémens , principes de la vie, deviennent des ministres de la mort ; l'eau n'offre que de vastes abîmes, dont la surface, balancée par d'éternelles secousses, est toujours prête à s'ouvrir. L'air, agité par les vents, produit les orages, trompe les efforts de l'homme, et le précipite au-devant de la mort qu'il veut éviter. Le feu déploie sur les eaux son activité terrible, entr'ouvre le vaisseau, et réunit la double horreur d'un naufrage et d'un embrasement. La terre, reculée à une distance immense, refuse son asile ; sa proximité même est dangereuse, et le refuge est souvent un écueil. L'homme isolé et séparé du monde entier est

resserré dans une prison étroite dont il ne peut sortir ;
tandis que la mort entre de tout côté........... Mais,
parmi ces horreurs, il se trouve quelque chose de plus terrible pour lui ; c'est l'homme son semblable qui, armé du
fer et mêlant l'art à la fureur, l'approche, le joint, le
combat, lutte contre lui sur ce vaste tombeau, et unit les
efforts de sa rage à celles de l'eau, des vents et du feu.

Description du célèbre combat singulier du vicomte de Turenne et du chevalier d'Aumale.

MAIS la trompette sonne : ils s'élancent tous deux,
Ils commencent enfin ce combat dangereux.
Tout ce qu'ont pu jamais la valeur et l'adresse,
L'ardeur, la fermeté, la force et la souplesse,
Parut des deux côtés en ce choc éclatant.
Cent coups étaient portés et parés à l'instant :
Tantôt avec fureur l'un d'eux se précipite ;
L'autre d'un pas léger le détourne et l'évite :
Tantôt plus rapprochés ils semblent se saisir.
Leur péril renaissant donne un affreux plaisir.
On se plait à les voir s'observer et se craindre,
Avancer, s'arrêter, se mesurer, s'atteindre ;
Le fer étincelant, avec art détourné,
Par de feints mouvemens trompe l'œil étonné.
Le spectateur surpris, et ne pouvant le croire,
Voyait à tout moment leur chute et leur victoire.
D'Aumale est plus ardent, plus fort, plus furieux ;
Turenne est plus adroit et moins impétueux ;
Maitre de tous ses sens, animé sans colère,
Il fatigue à loisir son terrible adversaire.
D'Aumale en vains efforts épuise sa vigueur ;
Bientôt son bras lassé ne sert plus sa valeur.
Turenne, qui l'observe, aperçoit sa faiblesse ;
Il se ranime alors, il le pousse, il le presse,
Enfin d'un coup mortel il lui perce le flanc.
D'Aumale est renversé dans les flots de son sang ;
Il menace *Turenne* et le menace en vain :
Sa redoutable épée échappe de sa main ;
Il veut parler : sa voix expire dans sa bouche ;

L'horreur d'être vaincu rend son air plus farouche ;
Il se lève , il retombe , il ouvre un œil mourant ,
Il regarde Paris et meurt en soupirant.

Jugement de l'Amour sur les yeux bleus et sur les yeux noirs.

L'Amour , en bonne et grave tête,
Sur la foi des baisers , intègres rapporteurs,
Mit ainsi d'accord les plaideurs :
Les yeux noirs savent mieux briller dans une fête ;
Les bleus sont plus touchans à l'heure du berger ;
Les yeux noirs savent mieux conquérir , ravager ;
Les bleus gardent mieux leur conquéte ;
Les noirs prouvent un cœur plus vif , mais plus léger ;
Les bleus , un cœur plus tendre et moins prompt à changer ;
Les noirs lancent mes traits ; les bleus , ma douce flamme ;
Les noirs peignent l'esprit, et les bleus peignent l'ame.

Eloge du Dessin et de la Peinture.

Le dessin est mon bonheur suprême ;
Oui , c'est un grand plaisir , et sur-tout quand on aime !
Le secours de cet art en devient plus fréquent ,
Et son silence alors est toujours éloquent.
Quel bonheur de créer , sur la toile animée ,
Ce regard séduisant , et cette bouche aimée ,
Et ces traits enchanteurs , et ce front adoré ;
De les faire rougir et sourire à son gré !
L'heureuse main , qui trace une si belle image ,
Semble avec le pinceau caresser son ouvrage.
Les arts sont un besoin de l'esprit et du cœur ;
Aimer et *s'occuper* , voilà le vrai bonheur.
Des fleurs du sentiment et des fleurs du génie,
Heureux qui peut semer le chemin de la vie !
S'il trouve sous ses pas la peine et les douleurs ,
Les arts et l'amitié sont ses consolateurs.

Eloge du Beau Sexe.

Que de titres les femmes, comme mères, comme épouses, comme sœurs, comme amies, n'ont-elles pas à nos égards, à nos respects! Et combien doit être facile à remplir une obligation que les sentimens les plus tendres et les plus douces habitudes viennent sans cesse consacrer!

Ce sexe charmant, l'ornement et les délices de la terre, nous fait aimer la vie en l'embellissant; il fait la félicité de tous les âges; adoré de la jeunesse, estimé de l'âge mûr, il est respecté et chéri par la vieillesse, qui en attend le charme de ses derniers momens. Le mortel le plus farouche s'adoucit à sa vue; sans lui connaîtrions-nous le bonheur? A ses côtés marchent les plaisirs et la gaieté. Il polit ceux qu'il rend sensibles; les mortels sont fortunés lorsqu'ils ont une compagne aimable qui adoucit leurs maux et embellit tout.

Si les femmes savent charmer le printems de notre âge, et nous enivre des plus doux plaisirs, leur amitié consolante au déclin de nos jours, éloigne nos tristes souvenirs, endort nos peines, nous amène vers notre fin par une pente plus insensible, et même, sur le bord de la tombe, nous fait croire encore au bonheur.

> Ce sexe est tout pour nous : il nourrit notre enfance ;
> Il prête à nos vieux jours son active assistance ;
> Fait pour aimer, pour plaire, et prompt à s'attendrir,
> Il nous engage à vivre, et nous aide à mourir.

Le bon Ménage.

> Quel empire charmant que celui d'une femme
> Qui, pour faire régner la paix dans sa maison,
> Des grâces de l'esprit embellit la raison !
> En elle son époux voit un autre lui-même ;

Son cœur vole au-devant d'un empire qu'il aime,
Et toujours à ses lois conformant son désir,
Il croit régner , tandis qu'il ne fait qu'obéir.

Bouts-Rimés à remplir :

FONTANGES , COLLIER , ORANGES et SOULIER.

ON les remplit ainsi en regardant une des jolies femmes
de l'assemblée :

Que vous montrez d'appas depuis vos deux .　. *fontanges*
　　　　Jusqu'à votre . . . . . . *collier !*
Mais que vous en cachez depuis vos deux . . *oranges*
　　　　Jusqu'à votre　. . . . . . *soulier !*

Autres Bouts-Rimés.

L'AMOUR séduit les cœurs sous l'air de la　. . *constance ;*
Il semble dans nos bras arrêter le . . . . . *bonheur ;*
Les souris , les doux soins , la tendre　. . . *prévenance ,*
Nous ont bientôt plongés dans une aimable　. *erreur.*
Le dieu , dont l'artifice endort notre　. . . *prudence ,*
De ses rêves flatteurs charme notre . . . . *sommeil.*
O songe d'un instant, éclair de . . . . . *jouissance ,*
Que suivent la surprise et l'ennui du　. . . *réveil !*
Le premier charme a fui ; l'objet que l'on . . *caresse ,*
Pour un nouvel amant médite une . . . . *faveur.*
Amour, si c'est un jeu pour toi que la . . . *tendresse ,*
Pourquoi viens-tu ravir le voile à la . . . . *pudeur ?*

Les mêmes.

C'EST à tort que dans la . . . . *constance*
On croit trouver le vrai . . . . . . *bonheur :*
Mêmes soins , même . . . . *prévenance ,*
Mêmes penchans sont une . . . . . . *erreur.*
Retenons cet avis dicté par la . . . . . *prudence :*
L'amour a quelquefois un moment de　. . . *sommeil ,*
　Il s'endort dans la . . . . *jouissance ,*
Et l'on n'est pas toujours bien sûr de son　. . *réveil.*

Il faut, pour être heureux, risquer une . . . . *caresse,*
Laisser surprendre une . . . . *faveur,*
Varier ses plaisirs, laisser à la . . . . . . *tendresse*
Gagner en volupté ce que perd la . . . . . *pudeur.*

Les mêmes.

En vous voyant, je crois à la . . . . . . *constance ;*
Quand je suis près de vous, je connais le . . *bonheur.*
Je vous offrirais bien doux soins et . . . . *prévenance ;*
Mais, en blâmant une agréable . . . . . *erreur,*
Vous sauriez à l'amour opposer la . . . . . *prudence.*
Vous n'empêcherez pas du moins que le . . . *sommeil*
Me ménage une . . . . *jouissance ;*
Elle sera détruite au moment du . . . . . *réveil.*
N'importe, heureux celui qu'un prestige . . . *caresse,*
Qui jouit d'une . . . . *faveur,*
Et qui peut dans un songe, enfant de la . . . *tendresse,*
Dans ses bras, sur son sein, voir mourir la . . *pudeur !*

Les 31 qualités qu'une Femme doit avoir pour être véritablement belle.

1° La jeunesse ; 2° la taille ni trop grande ni trop petite ; 3° ni trop grasse ni trop maigre ; 4° la symétrie et la proportion de toutes les parties ; 5° de longs cheveux blonds et déliés ; 6° la peau fraîche, délicate et polie ; 7° une blancheur vive et vermeille ; 8° un front uni ; 9° les tempes non enfoncées ; 10° les sourcils bien garnis ; 11° les yeux bleus, à fleur de tête, ayant un regard doux ; 12° un nez un peu long ; 13° des joues un peu arrondies, faisant deux petites fossettes ; 14° un ris gracieux ; 15° deux lèvres de corail ; 16° une petite bouche ; 17° des dents blanches, bien rangées ; 18° le menton un peu rond, charnu, avec une petite fossette au bout ; 19° les oreilles petites, vermeilles, bien jointes à la tête ; 20° un col d'ivoire ; 21° un sein d'albâtre ; 22° deux boules de neige à une juste distance ; 23° une main blanche, longuette et potelée ; 24° des doigts finissant en pyramides ; 25° les ongles de nacre de perle, tournés en ovale ; 26° une haleine douce ; 27° une voix agréable ; 28° *cela se devine;* 29° le corsage bien pris, délié ; 30° une démarche noble et décente ; 31° un petit pied mignon.

Que de femmes, pourrait-on ajouter, qui se comparent tacitement à la Vénus de Médicis ou du Capitole, auraient à rabattre de leurs prétentions si elles avaient connaissance de ces qualités indispensables pour faire une beauté parfaite ! Mais, en revanche, si l'on détaillait de même toutes celles qui doivent constituer un bel homme, que d'*Adonis* imaginaires, parmi nos élégans du siècle, qui se croient presque aussi parfaits que l'Apollon du Belvédère, et que cette énumération désabuserait sur le beau idéal de leurs proportions !

SECRETS ET PROCÉDÉS

RELATIFS AUX ARTS, etc.

Manière de préparer le papier pour dessiner aux crayons noirs et blancs.

Après avoir mouillé votre papier avec une éponge, collez-le par les bords sur un carton; ayez du bistre en petit pain, que vous ferez fondre dans de l'eau, et dont vous passerez une couche épaise sur le papier. Le lendemain, vous vous servirez d'une estompe pour l'essuyer, et vous appuierez un peu ferme; vous obtiendrez par ce moyen un papier excellent pour dessiner au noir et blanc, sur-tout avec les crayons faits au noir de fumée.

Vous vous servirez du même procédé pour faire les crayons noirs ordinaires, qui ne sont composés que de pierre noire pilée; mais il y a une autre espèce de crayons beaucoup plus noirs. On les fait en pétrissant la pâte ci-dessus avec du noir de fumée, et quand ils sont secs, on les rougit au feu.

Les crayons blancs se font en broyant de la terre de pipe blanche; mais ils ne sont point aussi blancs que ceux de craie : il ne faudra donc vous en servir que pour esquisser sur toile. Les crayons de craie ont cet avantage, qu'on les affermit en les faisant rougir au feu.

Dessin qui ne paraît qu'à volonté.

Il faut dessiner avec du lait, et quand vous voudrez que votre dessin paraisse, vous écraserez du charbon et en mettrez la poussière sur le papier ; le dessin paraîtra alors comme s'il était fait à l'encre.

Manière de conserver les couleurs en vessie, clarifier l'huile, etc.

Mettez les vessies de couleurs dans un pot de faïence que vous couvrirez avec un parchemin, et vous le mettrez ensuite dans le son, de manière que le son surpasse d'un pouce le parchemin.

Le liège brûlé donne un très-beau noir.

On clarifie l'huile de noix en l'exposant au soleil ; on met dans la bouteille un peu d'azur, et les premiers jours on remue la bouteille soir et matin.

Manière de nétoyer les Tableaux et Estampes, et de les rendre comme neufs.

Les tableaux flamands doivent recevoir une couche d'essence de térébenthine, demi-heure avant d'être nétoyés. Nétoyez-les par parties avec de l'esprit de vin, et passez de tems en tems de l'huile de térébenthine, le tout avec deux brosses ; prenez garde que l'esprit de vin n'emporte pas les bruns ; à cet effet, ne les frottez point avec la brosse comme vous pourriez faire dans les clairs, mais servez-vous d'un linge pour essuyer avec précaution, et mettez-y alternativement de la térébenthine et de l'esprit de vin : cette opération n'est que pour ôter le vernis.

Pour faire une eau à nétoyer, prenez du charbon de sarment, faites-le cuire au four, ensuite bouillir dans l'eau, et vous vous en servirez avec une brosse. Si cette lessive est trop forte, vous y ajouterez de l'eau, et vous éviterez de passer sur les bruns, parce qu'ils ont été nétoyés par la première opération.

Les tableaux de l'école d'Italie ne craignent point une lessive plus forte, aussi en fait-on une avec un sixième de soude ; cette eau emporte vernis et crasse.

Mêlée avec de l'eau de sarment, elle s'emploie de la même manière, c'est-à-dire qu'après l'avoir passée sur les tableaux, on se sert d'une éponge mouillée.

Pour les Estampes.

Ayez un caisson en étain d'un pouce de profondeur, placez-y votre estampe, couvrez-la d'eau de la hauteur d'un travers de doigt, laissez le tout exposé au soleil jusqu'à ce que l'estampe soit propre. En la retirant du caisson, placez-la sur une planche, mettez douze gouttes de bonne eau forte dans un verre d'eau, et avec une éponge faites tomber cette eau également sur l'estampe ; ayez soin de ne pas toucher l'estampe avec l'éponge ni avec les doigts, jusqu'à ce que l'opération soit finie, c'est-à-dire que l'estampe soit sèche, et c'est alors qu'elle recouvrera son ancien éclat.

Moyen pour ôter les taches d'huile et de graisse de dessus les Livres et Estampes.

Ayez du plâtre que vous aurez gratté contre le mur intérieur d'une maison ; mettez-en l'épaisseur d'un écu de chaque côté de la tache, appuyez dessus avec un fer à repasser qui soit bien chaud : il faut changer à deux fois le plâtre.

Manière de coller la Porcelaine, le Cristal, etc.

Délayez de la fleur de chaux dans le petit lait qui reste après avoir ôté le jaune et le blanc de l'œuf ; collez avec cette pâte, et faites chauffer de suite la pièce que vous venez de raccommoder ; vous pourrez, une heure après, y mettre de l'eau bouillante. Il faut que l'œuf soit du jour ; de-là dépend la réussite de l'opération.

Pour rendre les Instrumens d'acier durs et bien tranchans.

Prenez feuilles et racines de buglose bouillies dans l'eau, dans laquelle vous éteindrez votre instrument.

Pour faire des lettres qu'on ne puisse lire qu'en mettant le papier dans l'eau.

Ayez de l'alun de roche ; après l'avoir réduit en poudre, vous le mettrez dans un peu d'eau, et écrirez avec cette eau. Laissez-le sécher de lui-même, et quand vous voudrez lire, mettez le papier dans l'eau claire ; en tournant les lettres à l'envers, on les lira comme si c'était écrit avec l'encre noire.

Pour faire des lettres qu'on ne puisse lire qu'au feu.

Prenez du sel ammoniac, et faites-en une poudre bien fine ; ensuite mettez-la dans l'eau ; écrivez avec et laissez sécher le papier, et lorsqu'on voudra lire, montrez le papier au feu, et on lira fort bien. On peut faire la même opération avec le suc de limon ou d'oignon.

Pour faire sur-le-champ un excellent Vinaigre.

Prenez des cornouilles ou des mûres avant qu'elles soient en maturité, et pilez-les bien fort ; ensuite pétrissez-les avec le plus fort vinaigre que vous pourrez trouver, et faites-en de petits pains qu'on fera sécher au four ou au soleil ; après on les réduit en poudre, et on les garde dans un vaisseau net et bien bouché. Lorsqu'on veut avoir un bon vinaigre, on prend plein un verre de bon vin, on y met quelques pincées de cette poudre, et on aura sur-le-champ un vinaigre excellent.

Pour faire une eau qui teint le cuivre en or.

Ayez un fiel de bouc, un autre de chèvre et un peu d'arsénic; distillez tout ensemble, et trempez le cuivre dans cette eau après l'avoir bien poli, il aura à l'instant une superbe couleur d'or.

Pour ne point s'enivrer.

Un quart-d'heure avant de se mettre à table, il faut manger quelques noyaux de pêches ou d'amandes amères, puis boire un quart de verre d'huile d'olive ou d'amandes douces. Lorsqu'on se trouve la tête ou l'estomac fort pesant, on n'a qu'à boire un peu de jus de choux.

Pour faire prendre aux ivrognes le vin en dégoût.

Prenez les œufs d'une chouette : plus il y en a, tant meilleur cela sera ; faites-les bien bouillir, et donnez-les à manger à l'ivrogne ; désormais il ne boira plus de vin, sur-tout s'il est jeune.

Pour séparer l'eau du vin soudainement.

Faites faire un vase de bois d'ierre, en forme de tasse ou verre, et emplissez-le d'eau et de vin; l'eau en sortira à l'instant, et le vin restera pur.

Pour connaître s'il y a de l'eau dans le vin.

Prenez poires crues que vous couperez au milieu , ou , si vous voulez , des mûres ; nétoyez-les , et jetez-les dans le vin ; si ces fruits surnagent , le vin est pur et net , mais s'ils vont au fond , il y aura de l'eau.

Pour donner une excellente odeur au vin.

Prenez une orange ou un citron , et des clous de giroflle orientaux ; plantez-les dans l'orange ou citron , jusqu'à ce qu'il soit couvert ; vous suspendrez ensuite l'un ou l'autre dans le tonneau , de manière qu'il ne touche pas au vin, et vous refermerez le tonneau , afin que l'odeur ne s'évapore point.

Pour garder des roses fraîches toute l'année.

Coupez le soir des roses à moitié épanouies , que vous exposerez au serein la nuit suivante ; vous les mettrez le lendemain matin dans un vaisseau de terre vernissé en dedans ; vous boucherez bien ce vase, et vous le couvrirez avec du sablon sec.

Autre manière.

Prenez des boutons qui commencent à s'ouvrir ; coupez un roseau et fendez-le un peu , de manière à pouvoir y placer les boutons ; laissez-les ainsi. Quand on voudra les ôter , on coupera le roseau, et on les mettra dans de l'eau tiède ; on les verra alors fleurir comme au mois de mai.

3

Pour garder des raisins l'hiver et toute l'année.

Il faut les cueillir au serein , quand il y a quelque tems qu'on n'a eu de pluie , puis les bien nétoyer en ôtant les grains pourris ; on prend ensuite de la poix que l'on fait chauffer jusqu'à ce qu'elle bouille , puis on trempe les queues des raisins dedans , et on les laisse ainsi. Peu de tems après on les met sécher au soleil pendant deux jours ; enfin on les étend sur de la paille de froment , de manière qu'ils ne se touchent point , et ils se garderont parfaitement toute l'année.

Pour avoir de belles fleurs fraîches au milieu de l'hiver.

Prenez des plantes , nouez-les l'été , mettez-les dans un lieu chaud : une paille serait propre à cela , et laissez-les ainsi ; à force de chaleur , elles croîtront à parfaite grandeur , et vous aurez des fleurs au milieu de l'hiver.

Pour faire une pomme qui provoque le sommeil.

Prenez pavôt , suc de mandragore , et lie de vin rouge , en égale quantité ; joignez-y un peu de civette ; faites-en une pomme que vous tiendrez dans la main , elle vous fera dormir merveilleusement.

Pour conserver les armures toujours luisantes.

Prenez du vinaigre , mêlez-y de l'alun de roche en poudre , frottez avec cela les armures , elles seront toujours luisantes. On peut aussi les frotter avec de la moelle de cerf : elle les conserve également très-brillantes.

Pour faire une colle qui tienne fort comme un clou.

Ayez de la poix grecque, de la poix résine et poudre de carreau cuit ; mêlez tout ensemble ; faites-la chauffer, quand vous voudrez vous en servir. Lorsqu'elle sera refroidie, elle tiendra aussi fortement qu'un clou.

Pour broyer l'Or fin, de manière qu'on puisse peindre ou écrire avec le pinceau.

Ayez des feuilles d'or battu , et quatre gouttes de miel ; mêlez bien le tout ensemble , et mettez-le dans un cornet de verre, et lorsque vous voudrez vous en servir, détrempez avec de l'eau gommée.

Pour faire des lettres couleur d'or.

Prenez une once d'orpiment , une once de fin cristal , et broyez-les bien chacun à part ; puis mêlez le tout ensemble avec des glaires d'œufs , et écrivez.

Liqueur très-belle pour faire une couleur d'or à peu de frais, et très-aisée à faire.

Prenez écorce de citrons et d'oranges bien jaunes, ôtez-en le blanc en dedans, puis pilez-le dans un mortier de pierre ou de bois, qui soit net; prenez ensuite soufre bien jaune, bien reluisant et bien pulvérisé , que vous mettrez avec lesdites écorces pilées, et pilant encore le tout bien ensemble, vous le mettrez dans une fiole, et vous la garderez dans la cave ou quelque lieu humide, l'espace de huit ou dix jours, et lorsque vous voudrez vous en servir, vous la chaufferez un peu au feu, et vous aurez, pour écrire ou peindre, une couleur d'or très-belle.

Composition simple et facile, avec laquelle on peut dessiner et écrire sans crayon, sans plume, et sans encre.

Faites fondre du beurre frais, mêlez-y du noir de fumée, formez-en une pâte épaisse, et couvrez-en une feuille de papier blanc; ensuite avec un tampon de laine ou de drap, vous frotterez bien le papier en tout sens, pour y faire pénétrer le noir; vous le laisserez sécher en pendant le papier sur une ficelle; après cela avec un autre tampon de laine, vous frotterez encore à sec pour en ôter le superflu du noir; ensuite, quand vous voudrez écrire ou dessiner, vous n'aurez qu'à poser le côté noir de votre feuille préparée, sur le papier blanc, et écrire ou dessiner dessus avec une pointe quelconque; tous les traits se trouveront parfaitement marqués sur le papier blanc. Le même papier préparé peut servir long-tems; lorsqu'il ne marquera plus suffisamment, on n'aura qu'à passer deux ou trois fois le tampon dessus.

Pour faire cette composition en rouge, on met de la mine rouge en place de noir de fumée. Si on veut faire deux dessins ou deux écritures d'un seul coup, on mettra du noir ou du rouge des deux côtés du papier, et on placera cette feuille ainsi préparée entre deux feuilles de papier blanc; après quoi on pourra écrire ou dessiner sur une de ces dernières feuilles blanches; on peut de cette manière faire aussi d'un seul coup un dessin rouge et noir.

Au lieu de beurre frais on peut se servir d'huile de navette, ou de noix, ou d'œillet, et passer du son dessus pour faire sécher.

COSMÉTIQUES.

La beauté est un don précieux de la nature, mais sujète à des accidens multipliés, et qui passe si vite qu'on s'est constamment occupé des moyens de la conserver le plus long-tems possible ; on a réussi jusqu'à un certain point ; on est même parvenu à trouver les moyens d'embellir le teint, et d'éloigner, même de neutraliser les cruels ravages du tems ; mais il ne faut user que des plus naturels et des plus simples ; c'est à ces derniers qu'on a donné la préférence, après de nombreuses expériences.

Les articles suivans peuvent être mis en usage avec la certitude de réussir ; savoir :

L'eau de lavande ou l'eau de fraises, ou l'eau distillée de fèves, etc., l'huile d'amandes, de citrouille, de myrrhe, à son défaut, de graine de melon, de noisettes, etc. ; les pommades ou autre blanc de baleine, l'onguent de citron fait avec le camphre, les émulsions de substances farineuses : on range dans la même classe le fiel de bœuf distillé, mêlé à quantité égale de baume, sur alun de roche, du borax, du sucre candi pulvérisé ; de chacun demi-once. Cette liqueur étant filtrée, on s'en lave le visage le soir avand de se coucher, et on l'enlève le matin avec de l'eau de lavande. On doit aussi mettre au rang des excellens cosmétiques le baume de la Mecque et la teinture de benjoin ; cette teinture de benjoin, mélangée avec parties égales d'eau de fleurs de fèves, ou autre semblable, donne sur-le-champ ce qu'on nomme le lait virginal, liqueur blanche, laiteuse, opaque, qui est forte bonne pour la peau.

Manière de préparer le Benjoin.

La teinture de benjoin se fait en versant une quantité de benjoin réduit en poudre, de l'esprit de vin, et le faisant bouillir jusqu'à ce que la teinture soit foncée ; cette teinture est chaude, odoriférante, amère et balsamique ; elle est cordiale, sudorifique. Le lait virginal se prépare en versant quelques gouttes de cette teinture sur une certaine quantité d'eau; il en naîtra sur-le-champ un mélange blanc, laiteux, opaque, appelé pour cette raison *lait virginal*; ce lait est un cosmétique innocent. Si on s'en lave le visage, il prendra une couleur douce et vermeille, et se couvrira d'une peau claire et brillante, si on le laisse sécher dessus.

Eau pour blanchir la peau, et ôter le hâle du soleil.

Il faut prendre un demi-pot d'eau de pluie et l'emplir de verjus, puis on fait bouillir le tout jusqu'à réduction de moitié, et on emplira de nouveau le pot de jus de limon; quand cette eau aura bouilli, ôtez-la du feu, et quand elle sera refroidie, ajoutez-y les blancs de quatre œufs frais bien battus.

Eau qui ôte les taches des mains, les rend blanches, et qui est aussi bonne contre le hâle du soleil et contre les boutons.

Ayez jus de limon avec un peu de sel commun, et lavez-vous-en; laissez sécher d'elle-même cette composition, après quoi vous vous laverez les mains avec de l'eau ordinaire.

Pour rendre la peau belle.

Ayez fleurs de romarin, faites-les bouillir dans du vin blanc; lavez-vous-en la figure ; on peut aussi en boire, cela rend la peau belle, et procure une bonne haleine.

Manière de faire un beau rouge pour se colorer les joues, etc.

Mettez des betteraves rouges dans du fort vinaigre deux fois distillé, et faites-les bouillir quelque tems ; on y met aussi un peu d'alun de roche pilé, et on aura un rouge parfait, imitant les plus belles couleurs de la jeunesse, de la santé et de la beauté, en s'en frottant légèrement avec du coton ; on peut y ajouter un peu de musc ou de civette, pour le rendre odoriférant.

On trouve à la même adresse l'article suivant :

Plumes économiques, aussi élégantes que commodes et utiles, avec lesquelles on peut écrire long-tems sans renouveler l'encre ; on ne les taille jamais. Bien loin de s'user, elles s'améliorent par l'usage. Prix, 3 fr. les six plumes, et 60 c. (12 s.) en détail.

Manière de s'en servir : on trempe le bec de la plume dans l'encre ordinaire, et on aspire légèrement du côté opposé ; l'encre entre dans la plume, et on écrit très-bien tant qu'il y a de l'encre. Elles n'exigent d'autre soin que la propreté ; il faut avoir soin d'y passer souvent de l'eau, et lorsque le bec se trouvera bouché, on la met détremper quelque tems dans un verre d'eau.

a ʃ, a

an ʃ, il

LABIALES

DENTALES

GUTTURALES

On en a jʃ

en été ʃʌ.

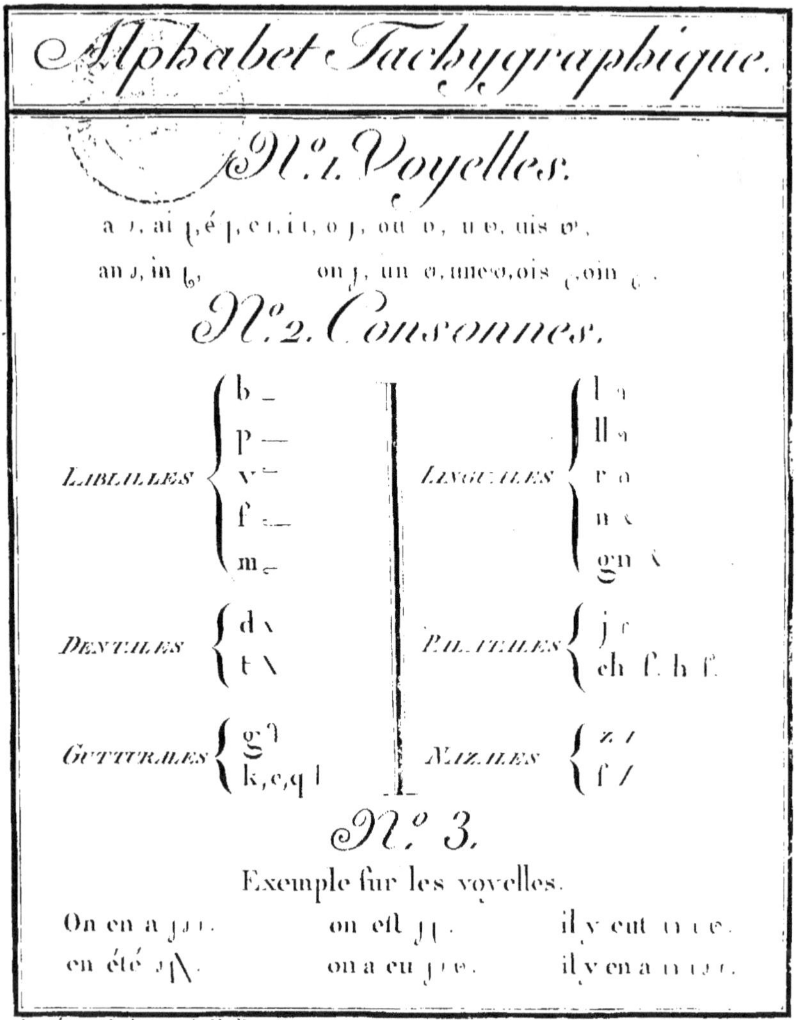
Alphabet Tachygraphique.
N.° 1. Voyelles.
a, ai, é, e, i, o, ou, u, uis,
an, in, on, un, une, ois, oin
N.° 2. Consonnes.
Labiales
b
p
v
f
m
Linguales
l
ll
r
n
gn
Dentales
d
t
Palatales
j
ch, h
Gutturales
g
k, c, q
Nazales
z
f
N.° 3.
Exemple fur les voyelles.
On en a
on eft
il y eut
en été
on a eu
il y en a

Gravé pour le Compte de M. Charon.

e muet	(i)
B	
P	
M	
V	
F	
D	
T	
K	
GU	
L	
LLE	
R	
N	
GN	
J	
CH	
Z	
S	

N.º 2. *Paradigme*

	e muet	a	au	ai	in	e	i	o	on	ou	u	un	ois
B													
P													
M													
V													
F													
D													
T													
K													
GU													
L													
LLE													
R													
N													
GN													
J													
CH													
Z													
S													

Gravé pour l. Compte de M. Charon.

Tout ce que

dent, ce que la

si connu et si,

ne voudriez

présise de ce

vous voude

Cu nérat

ceux qui sa

ignorant tr

tout le mon

Bien écon

perfections q

On est hé

La science

Gravé pour le Compte de

Troisième Partie

Tout ce que les loix exigent, ce que les mœurs recomman-
dent, ce que la conscience inspire, se trouve renfermé dans cet axiome
si connu et si peu développé. Ne faites point à autrui ce que vous
ne voudriez pas qui vous fut fait. L'Observation exacte et
précise de cette maxime fait la probité. Faites à autrui ce que
vous voudriez qu'il vous fut fait. Voila la Vertu.

Généralement les gens qui savent peu, parlent beaucoup, et
ceux qui savent beaucoup parlent peu. Il est simple qu'un
ignorant trouve important tout ce qu'il sait, et le dire à
tout le monde.

Bien écouter et bien répondre, est une des plus grandes
perfections qu'on puisse avoir dans la conversation.

On est heureux, lorsqu'on croit l'être.

La science la plus nécessaire à l'homme, est de savoir souffrir.

a

LIBR

DENT

GA TH

On en

en éto

Gravé pour le t

Alphabet Tachygraphique.

N.º 1. Voyelles.

a   ai   é   eu   i   o   ou   u   uis

an   in   on   un   une   ois   oin

N.º 2. Consonnes.

LABIALES { b / p / v / f / m	LINGUALES { l / ll / r / n / gn
DENTALES { d / t	PALATALES { j / ch f h f
GUTTURALES { g / k, c, q	NAZALES { z / f

N.º 3.

Exemple sur les voyelles.

On en a ....   on est ....   il y eut ....

en été ....   on a eu ....   il y en a ....

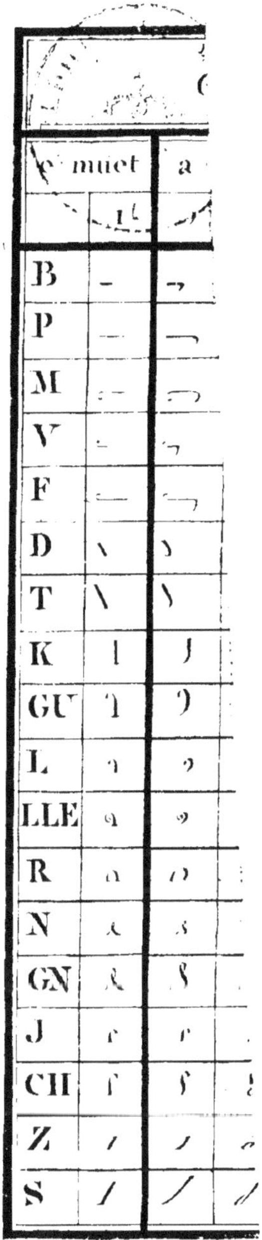

e muet
a
B
P
M
V
F
D
T
K
GU
L
LLE
R
N
GN
J
CH
Z
S
Gravé pour le Compte de M.

N.º 2. *Paradigme*

	e muet	a	an	ai	in	e	i	o	on	ou	u	un	eis
B													
P													
M													
V													
F													
D													
T													
K													
GU													
L													
LLE													
R													
N													
GN													
J													
CH													
Z													
S													

Gravé pour le Compte de M. Charon.

Tou
dent, c
si conn
ne vou
précis
vous v
Géné
ceux qu
ignorai
tout le
Bien
perfectio
On es
La scie

Tout ce que les loix exigent, ce que les mœurs recomman-
dent, ce que la conscience inspire, se trouve renfermé dans cet axiome
si connu et si peu développé. Ne faites point à autrui ce que vous
ne voudriez pas qui vous fut fait. l'Observation exacte et
précise de cette maxime fait la probité. Faites à autrui ce que
vous voudriez qu'il vous fut fait. Voila la Vertu.

Généralement les gens qui savent peu, parlent beaucoup, et
ceux qui savent beaucoup parlent peu. Il est simple, qu'un
ignorant trouve important tout ce qu'il sait, et le dire à
tout le monde.

Bien écouter et bien répondre, est une des plus grandes
perfections qu'on puisse avoir dans la conversation.

On est heureux, lorsqu'on croit l'être.

La science la plus nécessaire à l'homme, est de savoir souffrir.